Ressources supplémentaires GRATUITES

www.questionsaboutme.fr/histoire

ACCÉDEZ À LA BIBLIOTHÈQUE GRATUITE ET IMPRIMABLE :

Arbre généalogique personnalisable

Questions de substitution et questions complémentaires (brèves et détaillées)

Des pages lignées pour répondre aux questions et à insérer dans le livre

Likez notre page Facebook

@QuestionsAboutMe

Suivez-nous sur Instagram

@QuestionsAboutMe_Official

Questions et service client

hello@questionsaboutme.com

Raconte-moi ton histoire, Maman

par Questions About Me™

www.questionsaboutme.fr

table des matières

introduction

Ce journal a été créé pour vous, mères de tous horizons, biologiques ou non, afin d'immortaliser les moments qui ont marqué votre vie.

Notre patrimoine et notre sagesse ne seront appréciés par les générations futures que si nous prenons le temps de partager l'histoire de nos vies.

« Raconte-moi ton histoire, Maman » est un outil permettant d'écrire vos pensées, vos histoires et vos réflexions, transformant ce journal guidé en un trésor inestimable à partager avec vos enfants, vos proches et les générations futures.

Les messages stimulants et passionnants vous permettent de consigner en toute simplicité tous vos souvenirs d'enfance, vos leçons de vie et vos aspirations pour l'avenir.

Une fois terminé, ce livre permettra à vos enfants et aux générations futures de mieux comprendre les origines de votre famille.

Surtout, ce journal racontera l'histoire de votre vie. Votre famille en apprendra plus sur vous et cela vous aidera à vous rapprocher d'elle d'une manière significative. Ce document intemporel est aussi l'occasion d'inspirer la génération suivante et les générations à venir avec vos expériences, vos accomplissements et vos expériences de vie.

tirer le meilleur parti de ce journal

N'oubliez pas que ce journal guidé n'est soumis à aucune règle stricte.

Le format de ce livre est modulable et les questions peuvent être abordées de n'importe quelle manière. Vous pouvez démarrer où vous le souhaitez et compléter vos réponses dans n'importe quel ordre. Vous pouvez sauter des questions ou commencer par le début et répondre aux questions dans l'ordre.

Il n'y a pas de bonne ou de mauvaise méthode pour répondre à chaque question. Vous pouvez choisir de ne pas répondre à certaines questions, et certaines questions peuvent tout simplement ne pas s'appliquer à vous. N'hésitez pas à utiliser les questions supplémentaires disponibles sur notre site web en lieu et place de ces questions.

Ne réfléchissez pas trop et ne vous retenez pas lorsque vous répondez aux questions ; au contraire, écrivez librement et notez tout ce qui vous vient à l'esprit. Dans la mesure du possible, essayez d'être sincère, réfléchie et précise dans les réponses que vous apporterez à toutes les questions. Il n'est pas nécessaire de faire preuve de formalisme ou de s'inquiéter de la structure parfaite de votre réponse. Les meilleures réponses sont celles qui ne sont pas retouchées et qui viennent directement du cœur.

Prenez votre temps pour répondre aux questions. Étant donné que les questions sont nombreuses, vous souhaiterez peut-être compléter le livre en plusieurs séances, en y consacrant un peu de temps chaque jour sur une période de plusieurs semaines ou de plusieurs mois.

Vous pourriez même apprécier qu'un membre de votre famille vous aide à installer une caméra vidéo ou un équipement d'enregistrement audio, qu'il vous pose les questions à voix haute et qu'il enregistre vos réponses.

Si vous avez besoin de davantage d'espace pour répondre à une question, vous pouvez utiliser les pages de notes supplémentaires à la fin de chaque section. Vous pouvez également utiliser les pages de notes pour répondre aux questions de substitution ou aux questions complémentaires disponibles sur notre site web, ou les utiliser pour inclure des photos marquantes.

Faites-vous confiance et profitez du voyage !

ASTUCE

Faites preuve de précision autant que possible. Les détails précis donnent vie à votre histoire. Utilisez des noms et des prénoms dans la mesure du possible. Essayez également d'indiquer le plus grand nombre possible de dates, de lieux et d'adresses exacts, ainsi que des noms de marque, etc. Essayez d'écrire « Mercedes Benz couleur argent des années 1960 » au lieu de « voiture de papa », et « tulipes roses » au lieu de « fleurs ». Privilégiez « dans le parc de la ville de » au lieu de « dans le parc » afin de peindre une image claire au moyen de vos mots.

•••

mes informations et ma capsule temporelle

mes informations

NOM COMPLET

DATE DE NAISSANCE

LIEU DE NAISSANCE	COULEUR DES YEUX
TAILLE	COULEUR DES CHEVEUX

SIGNES DISTINCTIFS

AJOUTEZ ICI LA PHOTO DE VOUS BÉBÉ

capsule temporelle

DATE D'AUJOURD'HUI	
POPULATION DE VOTRE VILLE	POPULATION DE VOTRE PAYS
DIRIGEANT DE VOTRE PAYS	POPULATION MONDIALE

LE PRIX DE...

BOUTEILLE DE LAIT	MAGAZINE
TASSE DE CAFÉ	LIVRE
BAGUETTE	TAUX D'INTÉRÊT HYPOTHÉCAIRE
LITRE D'ESSENCE/DIESEL	SALAIRE MENSUEL MOYEN
TIMBRE-POSTE	LOYER MENSUEL/ REMBOURSEMENT DE PRÊT IMMOBILIER
JOURNAL	PRIX MOYEN DES LOGEMENTS

DÉCOUPEZ ET AJOUTEZ LE TITRE D'UN JOURNAL ACTUEL

•••

premières années

Votre nom a-t-il été choisi en référence à quelqu'un ?

Aimez-vous ou non votre nom ? Pour quelle raison ?

Si vous pouviez choisir un nom différent, lequel choisiriez-vous ?

Quel âge avaient vos parents à votre naissance ?

Quelles sont les anecdotes que l'on vous a racontées au sujet de votre naissance ?

Étiez-vous un bébé en pleine forme, ou avez-vous rencontré des problèmes de santé ?

Quelles sont les anecdotes que vos parents vous ont racontées sur votre enfance ?

Quel est votre premier souvenir ?

Quels souvenirs gardez-vous de vos premières années (comme par exemple des photos, des mèches de cheveux, des cadeaux, etc.) ?

Quels souvenirs avez-vous de la maison dans laquelle vous avez vécu quand vous étiez bébé ? Combien de temps y avez-vous vécu ?

Veuillez décrire un trait de caractère ou de personnalité que vous avez hérité de chacun de vos parents (ou de l'un d'eux). N'oubliez pas de préciser quel parent est à l'origine de chaque caractéristique.

notes

notes

enfance

Aviez-vous des jouets ou des objets particuliers qui vous étaient précieux, et comment les avez-vous obtenus ?

Quel type de jeux aimiez-vous jouer avec vos amis, frères et sœurs ou seule ?

Quelles sont les angoisses enfantines dont vous vous souvenez ? Par exemple, croyiez-vous à l'existence de monstres sous votre lit ou aviez-vous peur de marcher sur les bordures des pavés ?

Quels sont les odeurs, les sons ou les goûts empreints de nostalgie qui vous ramènent à l'enfance ?

Veuillez décrire les endroits où vous passiez le plus clair de votre temps libre lorsque vous étiez petite. Votre chambre ? Votre jardin ? La maison d'un ou d'une amie ?

En grandissant, aviez-vous votre propre chambre ?

Qu'est-ce qui vous a plu ou déplu dans la ou les régions où vous avez vécu durant votre enfance ?

Comment se passaient les repas de votre enfance ? Existait-il des routines strictes ?

Décrivez la cuisine de votre enfance : les odeurs, les saveurs, les sons, les textures et les couleurs.

Détestiez-vous certains aliments lorsque vous étiez enfant, et les détestez-vous encore aujourd'hui ?

Avez-vous des souvenirs précis du rituel de l'heure du coucher ou de l'heure du bain ? Vous souvenez-vous de ce que vos parents vous lisaient ou vous chantaient ?

En dehors de vos parents, y a-t-il eu d'autres adultes qui vous ont servi de modèles au cours de votre enfance ? Pourquoi étaient-ils importants pour vous ?

Quelle est l'activité que vous aviez l'habitude de pratiquer avec vos parents ? Précisez s'il s'agit d'une activité que vous faisiez avec l'un ou l'autre de vos parents ou avec les deux, et décrivez un souvenir de cette activité pratiquée en commun.

En grandissant, vous sentiez-vous proche de vos deux parents ou de l'un d'entre eux plus que de l'autre ? Pour quelles raisons ?

Votre famille a-t-elle connue des difficultés qu'elle a dû surmonter ? A-t-elle essayé de vous en protéger ou avez-vous joué un rôle actif dans leur résolution ?

Aviez-vous de l'argent de poche ? Si oui, vous souvenez-vous de son montant ? Comment le dépensiez-vous ?

Aviez-vous assez d'argent pendant votre enfance ?

Veuillez décrire les personnes qui ont eu le plus d'influence au cours de votre scolarité. De quelle manière vous ont-elles influencée (en bien ou en mal) ?

Qu'avez-vous aimé ou détesté le plus à l'école primaire ?

Quelle matière souhaiteriez-vous voir enseignée à l'école ?

Quelles étaient vos matières préférées à l'école ?

Pratiquiez-vous un sport, jouiez-vous d'un instrument de musique ou participiez-vous à des activités extrascolaires à l'école ?

Quelles étaient les équipes sportives dont vous étiez fan durant votre enfance ?

Décrivez un ou plusieurs souvenirs marquants de vos années de lycée.

Veuillez décrire un exploit de votre enfance ou adolescence dont vous êtes fière.

Quelles étaient vos activités après l'école et pendant les week-ends ?

Aviez-vous un ou une meilleure amie ou un groupe d'amis proches ? Êtes-vous toujours en contact aujourd'hui avec un ou plusieurs de vos amis d'école ?

Avez-vous eu des amis dont vos parents n'approuvaient pas ? Quelle était la cause de leur désapprobation ?

Comment étiez-vous sanctionnée lorsque vous faisiez quelque chose qui contrariait vos parents ? Que faisiez-vous lorsque vous aviez des ennuis ?

Partiez-vous en vacances en famille ? Si oui, quels souvenirs en gardez-vous ?

Quelles sont les fêtes spéciales que votre famille célébrait chaque année ? Comment les fêtiez-vous ?

Y a-t-il eu une fête d'anniversaire ou une autre célébration durant votre enfance qui est restée gravée dans votre mémoire ? Pourquoi ?

Considérez-vous que votre enfance a été heureuse ? Pour quelles raisons ?

Quel conseil donneriez-vous aujourd'hui à l'adolescente que vous étiez ?

notes

•••

centres d'intérêt et activités

Avez-vous toujours eu une vision claire de ce que vous vouliez faire dans la vie ? Vos intérêts professionnels ont-ils été influencés par quelqu'un ou quelque chose en particulier, ou avez-vous suivi des chemins de traverse ?

Avez-vous fréquenté un établissement d'enseignement supérieur, un établissement d'enseignement professionnel ou vous êtes-vous engagée dans l'armée ? Si oui, quand et où ?

Quels ont été les moments forts de votre parcours après le lycée ?

Avez-vous des regrets concernant votre expérience après le lycée ? Auriez-vous choisi un parcours différent ?

Avez-vous des considérations d'ordre général sur l'éducation, la formation ou le service militaire qui pourraient être utiles aux générations futures ?

Quel a été votre premier emploi rémunéré ? Quel âge aviez-vous ? Cela vous a-t-il plu ?

Comment avez-vous obtenu votre premier emploi ?

Veuillez décrire les emplois que vous avez occupés depuis le lycée.

Quel est le meilleur emploi que vous ayez jamais eu ? Pourquoi l'avez-vous apprécié ?

Quel a été le premier lieu où vous avez vécu lorsque vous avez quitté le domicile de vos parents, et y avez-vous vécu avec d'autres personnes ?

Quel âge aviez-vous lorsque vous avez commencé à vous maquiller ? Qui vous a appris à vous maquiller ?

Étiez-vous fan de mode ? Quelles étaient les tendances en matière de vêtements, de coiffure et de maquillage dont vous vous souvenez le plus ?

Quels sont les animaux de compagnie que vous avez eus au cours de votre vie ? Comment s'appelaient-ils et quels sont les meilleurs souvenirs que vous gardez d'eux ?

Quels sont les loisirs que vous avez eus ou que vous pratiquez actuellement ? À quelle époque et comment avez-vous commencé à vous y adonner ?

Veuillez décrire les activités que vous aimez faire
ou qui vous apportent du plaisir.

notes

•••

arbre généalogique

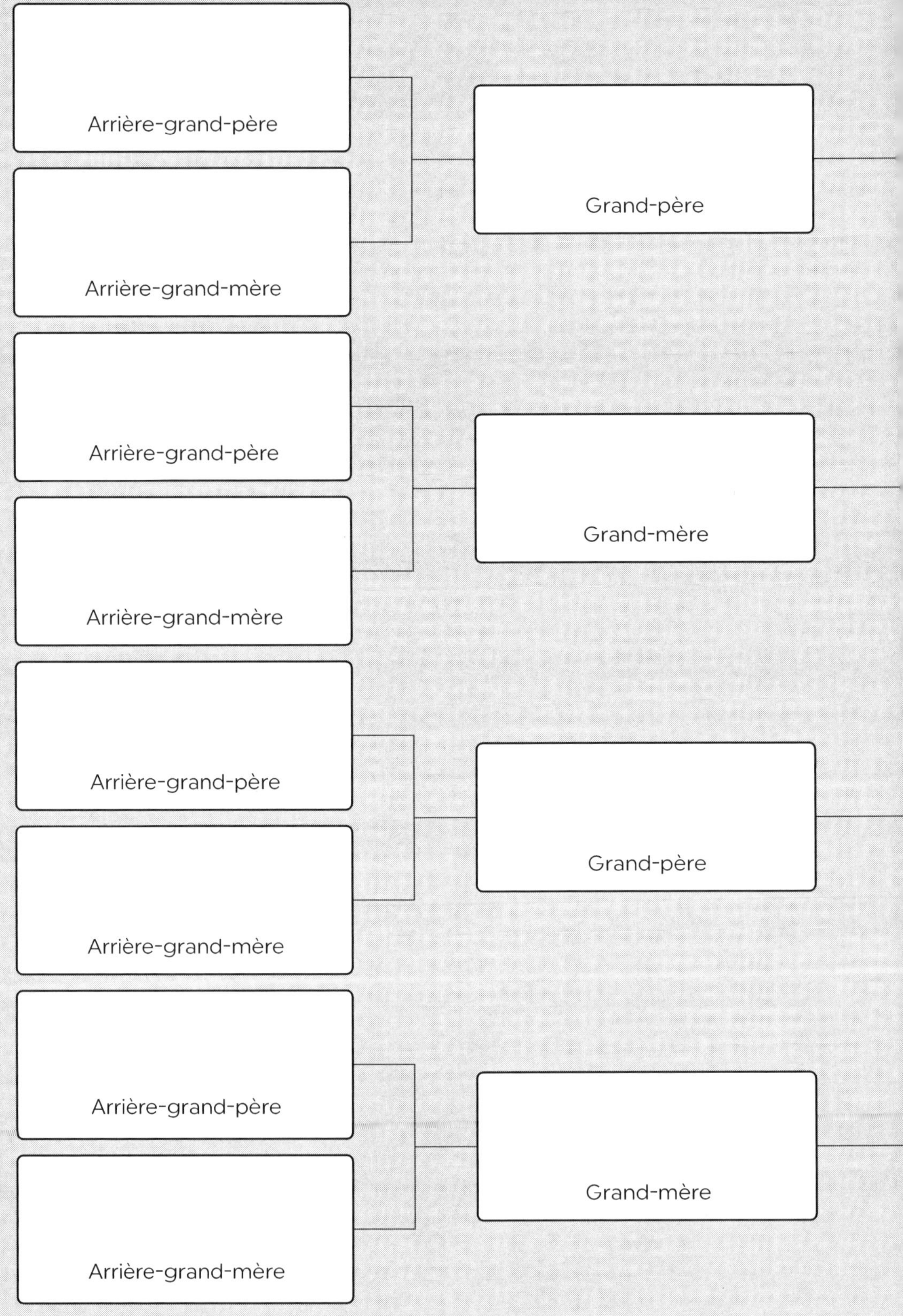
Arrière-grand-père
Arrière-grand-mère
Grand-père
Arrière-grand-père
Arrière-grand-mère
Grand-mère
Arrière-grand-père
Arrière-grand-mère
Grand-père
Arrière-grand-père
Arrière-grand-mère
Grand-mère

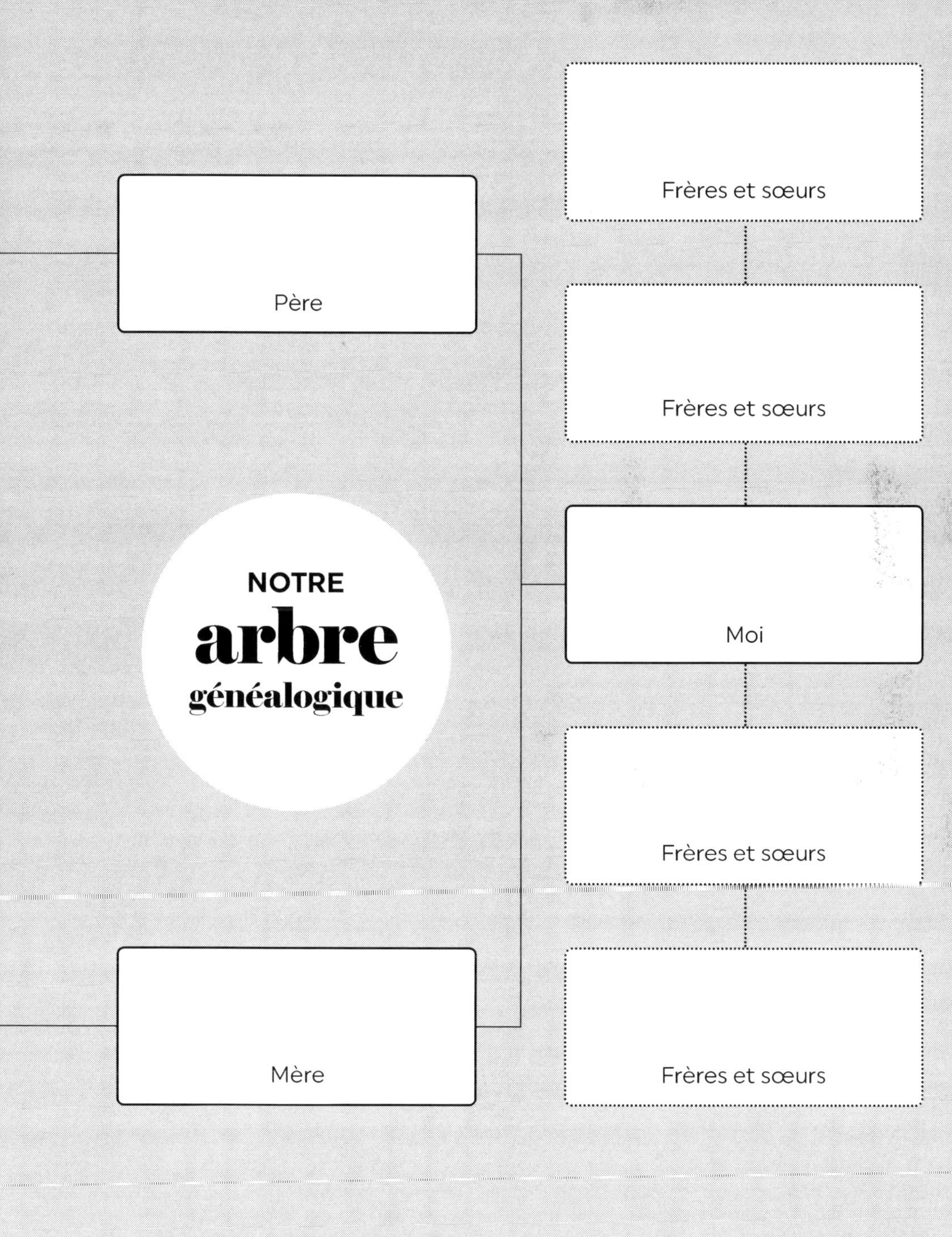
Frères et sœurs
Père
Frères et sœurs
NOTRE
arbre
généalogique
Moi
Frères et sœurs
Mère
Frères et sœurs

notes

•••

famille, amis et relations

mes parents

PRÉNOM	
NOM DE FAMILLE ET NOM DE JEUNE FILLE	
DATE DE NAISSANCE	LIEU DE NAISSANCE
COULEUR DES YEUX	COULEUR DES CHEVEUX
MÉTIER	

PRÉNOM	
NOM DE FAMILLE ET NOM DE JEUNE FILLE	
DATE DE NAISSANCE	LIEU DE NAISSANCE
COULEUR DES YEUX	COULEUR DES CHEVEUX
MÉTIER	

Décrivez votre relation avec chacun (ou l'un) de vos parents durant votre enfance. Comment s'est-elle déroulée ? Comment votre relation a-t-elle évolué à l'âge adulte ?

Quelle est au moins une chose importante que vous avez apprise à faire ou à apprécier au contact de chacun de vos parents ?

mes frères et sœurs

PRÉNOM	
NOM DE FAMILLE ET NOM DE JEUNE FILLE	
DATE DE NAISSANCE	LIEU DE NAISSANCE
COULEUR DES YEUX	COULEUR DES CHEVEUX
MÉTIER	

PRÉNOM	
NOM DE FAMILLE ET NOM DE JEUNE FILLE	
DATE DE NAISSANCE	LIEU DE NAISSANCE
COULEUR DES YEUX	COULEUR DES CHEVEUX
MÉTIER	

PRÉNOM	
NOM DE FAMILLE ET NOM DE JEUNE FILLE	
DATE DE NAISSANCE	LIEU DE NAISSANCE
COULEUR DES YEUX	COULEUR DES CHEVEUX
MÉTIER	

PRÉNOM	
NOM DE FAMILLE ET NOM DE JEUNE FILLE	
DATE DE NAISSANCE	LIEU DE NAISSANCE
COULEUR DES YEUX	COULEUR DES CHEVEUX
MÉTIER	

Quelles caractéristiques partagez-vous avec votre/vos frère(s) ou sœur(s), aussi bien sur le plan physique que sur le plan du caractère ? En quoi vos caractéristiques sont-elles différentes ?

Vous entendiez-vous bien avec vos frères et sœurs lorsque vous étiez enfant ?

Comment votre relation avec vos frères et sœurs a-t-elle évolué au fil des ans ?

mes grands-parents

PRÉNOM

NOM DE FAMILLE ET NOM DE JEUNE FILLE

DATE DE NAISSANCE	LIEU DE NAISSANCE
COULEUR DES YEUX	COULEUR DES CHEVEUX

MÉTIER

PRÉNOM

NOM DE FAMILLE ET NOM DE JEUNE FILLE

DATE DE NAISSANCE	LIEU DE NAISSANCE
COULEUR DES YEUX	COULEUR DES CHEVEUX

MÉTIER

PRÉNOM

NOM DE FAMILLE ET NOM DE JEUNE FILLE

DATE DE NAISSANCE	LIEU DE NAISSANCE
COULEUR DES YEUX	COULEUR DES CHEVEUX

MÉTIER

PRÉNOM

NOM DE FAMILLE ET NOM DE JEUNE FILLE

DATE DE NAISSANCE	LIEU DE NAISSANCE
COULEUR DES YEUX	COULEUR DES CHEVEUX

MÉTIER

Quelles sont les similitudes ou les différences entre les traits de caractère ou de personnalité de vos grands-parents et ceux de vos parents ?

Êtes-vous ou étiez-vous proche de vos grands-parents ? Quels souvenirs ou anecdotes pouvez-vous partager à leur sujet ?

Quel est le principal enseignement donné par vos grands-parents ou l'un d'entre eux ?

mes enfants

PRÉNOM

NOM DE FAMILLE ET NOM DE JEUNE FILLE

DATE DE NAISSANCE	LIEU DE NAISSANCE
COULEUR DES YEUX	COULEUR DES CHEVEUX

MÉTIER

PRÉNOM

NOM DE FAMILLE ET NOM DE JEUNE FILLE

DATE DE NAISSANCE	LIEU DE NAISSANCE
COULEUR DES YEUX	COULEUR DES CHEVEUX

MÉTIER

PRÉNOM

NOM DE FAMILLE ET NOM DE JEUNE FILLE

DATE DE NAISSANCE	LIEU DE NAISSANCE
COULEUR DES YEUX	COULEUR DES CHEVEUX

MÉTIER

PRÉNOM

NOM DE FAMILLE ET NOM DE JEUNE FILLE

DATE DE NAISSANCE	LIEU DE NAISSANCE
COULEUR DES YEUX	COULEUR DES CHEVEUX

MÉTIER

Quels sont les traits de caractère que vous aimez chez chacun de vos enfants ?

Quel est votre vœu le plus cher pour vos enfants et vos petits-enfants ?

famille

Quand vous étiez enfant, organisiez-vous régulièrement des réunions de famille ? Sous quelle forme se déroulaient-elles et combien de personnes y participaient ?

Les membres de votre famille se sont-ils déjà gravement disputés ? Quelles étaient les causes de ces disputes et ont-elles été résolues ?

Quelles sont les personnes que vous considérez comme des membres de votre famille et qu'est-ce qui les relie à vous ?

amis

Qui sont (ou ont été) vos amis les plus proches et les plus chers dans votre vie ? Racontez quelques anecdotes concernant vos amitiés.

Quel est votre plus ancien ou plus ancienne amie et depuis combien d'années êtes-vous amis ?

Veuillez décrire un épisode où une amitié vous a déçu ou vous a fait souffrir. La situation s'est-elle arrangée ?

À qui allez-vous (ou avez-vous) toujours demandé conseil, et pouvez-vous citer un bon exemple de leurs conseils ?

relations

Quel âge aviez-vous lors de votre premier vrai rendez-vous amoureux ? Avec qui était-ce et où êtes-vous allés ?

Souhaitez-vous partager une histoire d'amour personnelle ? Par exemple, votre premier coup de foudre ou rupture ?

Comment et quand avez-vous rencontré votre partenaire actuel ?

Quelles sont les qualités que vous appréciez le plus chez votre partenaire ?

Avez-vous célébré votre mariage ? Veuillez décrire votre demande en mariage, le jour du mariage et les meilleurs souvenirs de votre mariage.

Compte tenu de votre expérience, quels conseils en matière de relations amoureuses souhaiteriez-vous transmettre aux générations futures ?

notes

notes

•••

maternité

Veuillez décrire le moment où vous avez su pour la première fois que vous alliez être mère. Qu'avez-vous ressenti ?

Avez-vous des anecdotes sur la réaction de votre famille et de vos amis à l'annonce de votre future maternité ?

De quelles façons la maternité a-t-elle changée votre vie ?

Quels aspects de la maternité ont été difficiles pour vous ?

De quelle manière vos attentes en tant que mère étaient-elles différentes de votre expérience comme mère ?

Comment votre éducation a-t-elle influencée la manière dont vous avez élevé vos enfants ?

Quelles sont les étapes de la vie de mère (comme par exemple la petite enfance, les années d'école, etc.) que vous avez le plus appréciées et celles que vous avez trouvées les plus difficiles ? Pourquoi ?

Quels sont les expériences ou les souvenirs de la maternité qui vous font toujours sourire ?

Avec le recul, quels conseils vous donneriez-vous aujourd'hui
en tant que jeune mère et en tant que parent ?

notes

notes

•••

croyances et valeurs

Quelles étaient les convictions et les appartenances spirituelles ou religieuses de vos parents ? Ont-elles évolué au fil du temps ? Quelle influence ont-elles eu sur votre vie ? Avez-vous conservé les mêmes convictions ?

Quelle a été l'évolution de vos croyances et appartenances spirituelles ou religieuses au cours de votre vie ?

Qu'est-ce qui vous fait éprouver un sentiment patriotique (ou non) à l'égard de votre pays natal ?

Quelles sont les influences qui ont déterminé vos convictions politiques, et avez-vous toujours gardé les mêmes ?

Vous est-il déjà arrivée d'être suffisamment déterminée par une cause pour participer à une manifestation de protestation ? Si ce n'est pas le cas, quels sont les enjeux qui vous motiveraient à le faire ?

Y a-t-il des façons dont les changements dans votre vision du monde ont modifié votre façon de vivre ? (Par exemple, le recyclage, le boycott de certains produits, abandonner certaines habitudes, etc.)

Soutenez-vous des associations caritatives ? Si oui, pourquoi ces causes sont-elles importantes pour vous ?

Qu'est-ce que vous considérez comme vos valeurs fondamentales dans la vie ? Quelles sont les valeurs que vous souhaitez le plus transmettre aux générations futures de votre famille ?

notes

réflexions

Comment vous décririez-vous ?

Y a-t-il dans les antécédents médicaux de votre famille des éléments que vos enfants ou petits-enfants devraient connaître ?

Parmi tous les endroits où vous avez vécu, quel est celui dont vous vous souvenez le mieux ? Pour quelles raisons ?

Avez-vous un âge ou une phase de votre vie que vous préférez ?

Quelle a été la personne la plus influente dans votre vie ? Quelle a été son influence ?

Avez-vous déjà fait preuve d'un acte de gentillesse
ou en avez-vous été la bénéficiaire ?

Si vous pouviez voir le futur, qu'aimeriez-vous découvrir ?

Veuillez décrire l'un des meilleurs jours dont vous vous souvenez.

À l'exception de vos enfants, que considérez-vous comme votre plus grande réussite dans votre vie jusqu'à présent ?

Avez-vous des regrets dans votre vie ? Avez-vous encore l'espoir de pouvoir les réparer ?

Avez-vous vécu des événements que vous considériez comme des problèmes majeurs et qui se sont avérés être en fait des bienfaits ?

Y a-t-il eu, au cours de votre vie (personnelle ou globale), un événement que vous espérez ne jamais voir se produire pour les générations futures ?

Quel est l'un des moments les plus stressants que vous ayez eu à subir dans votre vie et comment l'avez-vous géré ?

Décrivez un moment angoissant de votre vie. Comment l'avez-vous surmonté et qu'avez-vous appris de cette expérience ?

Y a-t-il une expérience que vous avez vécue au cours de votre vie et dont vous pensez que tout le monde devrait faire l'expérience ? Si oui, laquelle et pour quelles raisons ?

Quelles sont les expériences les plus surprenantes que vous ayez vécues ?

Quel est votre trait de caractère que vous aimeriez le plus perfectionner ?

Quels sont les secrets qui, selon vous, contribuent à une vie épanouie ?

Quel est le meilleur conseil que vous ayez reçu ?

Que voudriez-vous que vos arrière-petits-enfants et les générations futures connaissent de vous ?

À partir de vos expériences, quelles leçons de vie ou quels conseils aimeriez-vous partager avec d'autres ?

notes

notes

questions courtes

mes premières fois

Quel a été votre premier mot ?

Quel âge aviez-vous lorsque vous avez eu votre premier baiser ?

À quel âge êtes-vous tombé amoureuse pour la première fois ?

Quel est le premier film que vous avez vu au cinéma ?

A quel âge avez-vous bu de l'alcool pour la première fois ?

Quel âge aviez-vous lorsque vous avez conduit une voiture pour la première fois ?

Quelle était la marque et le modèle de votre première voiture ? Lui aviez-vous donné un nom ?

Quel est le premier disque (ou cassette, CD ou autre format) que vous avez acheté ?

Quel est le premier artiste ou groupe que vous avez vu en concert ?

Où êtes-vous allée pour la première fois en vacances sans vos parents ?

Où avez-vous passé votre premier entretien d'embauche ?

Quel est le premier membre de la famille pour lequel vous avez préparé un repas ?

Où et quand avez-vous eu votre premier accrochage en voiture ?

Où vous êtes-vous rendue lors de votre premier vol en avion ?

Quel est le premier pays que vous ayez visité en dehors de votre pays de naissance ?

mes cinq meilleurs...

Les endroits les plus marquants que vous avez visités

1.
2.
3.
4.
5.

Vos meilleures caractéristiques

1.
2.
3.
4.
5.

Chanteurs, groupes ou musiciens que vous avez écoutés le plus souvent ?

1.
2.
3.
4.
5.

Les conseils que vous vous donneriez à vous-même à l'âge de 16 ans

1.
2.
3.
4.
5.

Les personnes célèbres (décédées ou vivantes) que vous aimeriez rencontrer

1.
2.
3.
4.
5.

Parfums de glace préférés

1.
2.
3.
4.
5.

Que feriez-vous si vous gagniez plusieurs millions au loto ?

1.
2.
3.
4.
5.

Les meilleurs cadeaux que vous vous souvenez avoir reçus

1.
2.
3.
4.
5.

mes préférences...

COULEUR	FLEUR
FRIANDISES AU CINÉMA	LIVRE
BOISSON CHAUDE	SPORT PRATIQUÉ/REGARDÉ
SAISON DE L'ANNÉE	JEU DE SOCIÉTÉ OU DE CARTES
ACTIVITÉS DOMINICALES	LECTURE DU SOIR QUAND J'ÉTAIS ENFANT
BONBONS OU BARRES CHOCOLATÉES	RESTAURANT ET PLAT PRÉFÉRÉ
ACTEUR OU ACTRICE	FILM
COMMENT SE DÉTENDRE APRÈS UNE JOURNÉE ÉPUISANTE	COCKTAIL OU BOISSON NON ALCOOLISÉE
VILLE VISITÉE	FÊTE ANNUELLE, À L'EXCEPTION DE VOTRE ANNIVERSAIRE
DESSERT OU GÂTEAU	ODEUR

questions rapides

Avez-vous un chiffre porte-bonheur ? Si oui, quel est-il ?

Quel type de temps préférez-vous ?

Possédez-vous un passeport en cours de validité ?

Quels sont les plats que vous aimez que l'on vous prépare lorsque vous êtes malade ?

Êtes-vous plutôt du matin ou du soir ?

Jouez-vous au loto ? Si oui, choisissez-vous toujours les mêmes numéros ?

Si vous pouviez claquer des doigts et devenir experte dans un domaine, quel serait ce domaine ?

Qu'est-ce qui vous a toujours fait rire ?

Si l'on vous accordait trois souhaits, quels seraient-ils ?

Quels sont les plaisirs simples de la vie que vous appréciez vraiment ?

Avez-vous déjà remporté des prix dans le cadre d'un concours ?

Quel est l'objet le plus cher ou le plus extravagant que vous ayez jamais acheté ?

Quel a été votre plus long voyage en voiture ?

Quel est le voyage le plus lointain que vous ayez jamais effectué ?

Êtes-vous superstitieuse ?

Quelle est l'une de vos plus mauvaises habitudes ?

Préférez-vous être spontanée ou faire preuve de réflexion ?

Avez-vous déjà eu des fractures ?

Quels sont les sujets pour lesquels vous procrastinez le plus ?

Croyez-vous au destin ?

Qu'est ce qui, pour vous, constitue un véritable gaspillage d'argent ?

Quelle est la chose la plus romantique qu'une personne ait jamais faite pour vous ?

Avez-vous un proverbe ou une citation qui vous inspire et que vous aimez mettre en pratique ?

Quels sont les éléments qui font que votre anniversaire est exceptionnel ?

Quelles sont les personnes célèbres ou importantes que vous avez rencontrées en personne et dans quelles circonstances ?

Quelles sont vos vacances idéales ?

Décrivez la maison de vos rêves. Où se trouve-t-elle ? Quelles sont ses dimensions ? Quelles sont ses caractéristiques ?

Énumérez les villes dans lesquelles vous avez vécu
tout au long de votre vie jusqu'à présent.

Établissez la liste des dix premiers endroits que vous souhaiteriez
visiter si vous en aviez les ressources (argent et temps).

notes pour les proches

notes pour les proches

CET ESPACE VOUS PERMET DE RÉDIGER DES NOTES À L'ATTENTION DE VOS PROCHES

notes pour les proches

notes pour les proches

notes pour les proches

notes pour les proches

À propos de nous

Nous formons un curieux groupe d'auteurs sympathiques, excentriques et créatifs et nous aimons rédiger des questions qui font réfléchir.

Nous avons tous vécu des situations de silence gênant et nous avons tous eu recours à des conversations superficielles pour faire passer le temps.

Les auteurs de Questions About Me ont pour mission de mettre fin aux conversations ennuyeuses. Nous avons créé la série Questions About Me afin de stimuler les conversations et de vous aider à mieux connaître les autres, y compris vous-même.

La série « Raconte-moi ton histoire »permet de recueillir vos expériences, vos récits de vie et vos réflexions pour en faire un document intemporel à partager avec vos enfants, vos proches et les générations futures.

Posez votre téléphone, éteignez la télévision et utilisez nos livres pour découvrir d'infinies possibilités de conversation, développer des relations plus approfondies et créer des souvenirs précieux.

www.questionsaboutme.fr

Q.

Egalement par Questions About Me

SÉRIE RACONTE-MOI TON HISTOIRE

Raconte-moi ton histoire, Maman

Raconte-moi ton histoire, Papa

Raconte-moi ton histoire, Mamie

Raconte-moi ton histoire, Papi

Visitez
www.questionsaboutme.fr
pour plus de titres

Made in the USA
Monee, IL
22 November 2025

f803afa4-84cc-4da0-97b9-41c3cff8f8c0R01